Un despatx amb estratègia

Claus per a una estratègia guanyadora al despatx

Oriol López Villena

Oriol López Villena, 2014

3a edició

ISBN-13: 978-1501025921

ISBN-10: 1501025929

Dedicatòria

Als meus pares, fonts d'inspiració personal i professional al llarg de la meva vida.

A la meva dona i els meus fills, per animar-me i entendre per què faig el que faig.

A tots els assessors, que ajuden al desenvolupament de les empreses i de les persones.

Contingut

La teva idea de l'èxit...

En aquest espai hi pots escriure, dibuixar, enganxar retalls, fotografies, articles o enllaços web que et permetin visualitzar la teva idea d'èxit.

1

El repte de l'assessor

Quan vaig començar com a assessor, tenia clar què m'agradava de la meva professió i què no. Vaig veure que havíem de canviar moltes coses al nostre negoci, si no volíem morir en l'intent. I vaig veure que el meu diagnòstic era a voltes compartit per d'altres assessors.

De fet, tant Bill Gates com el setmanari The Economist, han posat els comptables i els assessors fiscals dins les professions amb més probabilitats de desaparèixer en els propers 20 anys, i això no és casual. La tecnologia està canviant la manera com les empreses veuen els serveis professionals i, malgrat que ens sembli impossible, cada cop hi haurà menys empresaris que demandaran els nostres serveis, si aquests es mantenen com fins ara.

Però què volen els empresaris?

La meva experiència em diu que els empresaris volen una simple cosa del seu assessor: proactivitat. I, quan treballo amb assessors, aquest és el centre de tota la nostra feina, aconseguir que l'assessor sigui proactiu amb el seu client, en totes les àrees.

I aquesta proactivitat l'assessor la pot proveir a través de tres àrees:

- L'externalització, que permeti a l'empresari dedicar-se a allò que li aporta millors resultats.

- La formació, que doti a l'empresari del coneixement clau per a seguir el pols al seu negoci.

- L'acompanyament proactiu, que aporti una visió externa i experta a l'empresari, unida a un criteri professional valent i rigorós.

La bona notícia és que hi ha marge pel canvi. Els assessors segueixen sent vistos com persones de confiança, després d'una crisi que ha tirat per terra alguna de les anteriors figures de confiança, com els bancs. Això, aquest reconeixement com a consultors de confiança ofereix un camí obert cap a l'èxit per a aquells que utilitzen els seus coneixements, però també el seu criteri, per a acompanyar i formar els empresaris del futur.

Aquest brillant camí, però, requereix una estratègia clara i un pla d'acció que s'acompleixi.

I aquest llibre t'hi ajudarà.

Com ho farà?

En els últims anys, me n'he adonat que hi ha una manera diferent de fer les coses, que em porti a:

- una feina més gratificant

- uns clients més contents

- uns resultats millors, i

- una autèntica conciliació de la teva vida personal i professional

I m'agradaria compartir-la amb tu en aquest llibre.

Eina

Aquest llibre pretén ajudar-te a dur a terme el somni d'un despatx d'èxit. Un despatx que afronti els reptes que afrontes amb garantia de millora. És per això que et recomano que l'agafis més com una eina de treball que no pas com un simple llibre d'expert, d'auto-ajuda o d'assaig. Escriu-hi notes, subratlla'l i respon a les preguntes que plantejo a fi i efecte de triar el millor camí per a tu i la teva idea.

2

Del despatx a l'empresa

Des de zero

Imagina que crees el teu despatx des de zero... Com ho faries? Què hauries de tenir en compte? Quins serveis prestaries? A quins clients?

Fer l'exercici de crear el teu despatx des de l'inici és sempre saludable quan un assessor vol crear una estratègia guanyadora pel despatx.

En aquest capítol, et demano que et posis en aquesta situació: anem a crear un despatx des de zero. T'hi atreveixes?

Una aventura

Un negoci sempre és una idea a la que cal dotar d'una visió clara i centrada en els objectius de l'assessor. Jim Collins, al seu llibre *Good to Great*, ens parla del sistema de defensa del porc-espí, un animal creat per a defensar-se de les mil i una possibilitats que tenen els depredadors per atacar-lo. Ell només té una defensa, però és brillant. Amb aquest exemple, Jim Collins defineix el camí d l'èxit com el punt on conflueixen els tres aspectes següents:

Allò que t'apassiona profundament: és a dir, allò que et mou professionalment i personal.

Allò en el que pots ser el millor del món, ja sigui amb els coneixements que tens actualment, o adquirint-ne de nous.

Allò que alimenta la teva economia. És a dir, allò que et permetrà extreure-li una rendibilitat futura.

A continuació et mostro gràficament el concepte del porc-espí, que t'ajudarà a saber si has de seguir treballant en la teva idea i en com has d'adaptar-la per a arribar-hi.

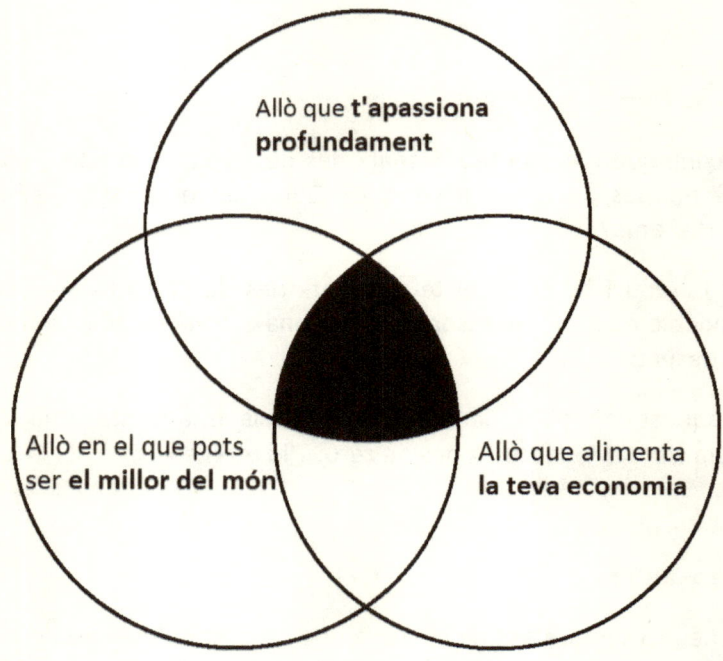

Un despatx, doncs, ha de complir aquests tres aspectes per a que pugui esdevenir brillant.

Una visió clara

La idea és el primer gran moment de l'empresa; aquell moment màgic en què el cap comença a funcionar de manera esbojarrada aflorant-hi idees, temors, reptes... També és aquell moment que pot caure més ràpidament en l'oblit si no bastim el projecte al seu voltant, ja que moltes vegades la idea inicial queda perduda enmig d'allò que la farà possible i que només n'és una conseqüència. És per això que cal iniciar el projecte definint clarament la idea amb una sola pregunta: Per què? Quin és el sentit del nostre despatx?

Què aportarà al món que el farà millor?

Simon Sineck, etnògraf i autor del llibre *Start with Why* ens parla d'allò que ens mou, allò que fa que una empresa existeixi, més enllà del producte que ofereix. Parla d'empreses que van perdre el seu *perquè* de la mà del seu *què*, perdent tot allò que les feia grans, i les compara amb empreses que tenen en el seu *perquè* la idea central del negoci i que, per tant, són capaces d'adaptar-se als canvis amb èxit.

Aquest perquè, en Simon Sineck l'expressa a través del que ell anomena el Cercle Daurat, que ens mostra com un negoci, per tenir èxit, ha de seguir un procés que jo basaria en tres preguntes a fer-te:

Per què fas el que fas? Aquesta és la raó bàsica de l'existència del teu negoci. És la idea mostrada com una resposta a aquesta pregunta i que inclourà allò que ens motiva, allò que ens fa avançar, llevar-nos pel matí...

Com ho faràs? Una pregunta que es respon parlant de les eines i/o els valors que guien el teu per què cap a quelcom més pràctic.

Què faràs? Amb la que respondràs quin és el resultat que vols oferir a la societat en forma de producte o servei.

Aquestes tres preguntes són bàsiques si vols crear un negoci que perduri i que la societat (l'equip, els clients, els socis, els col·laboradors...) comprin amb entusiasme.

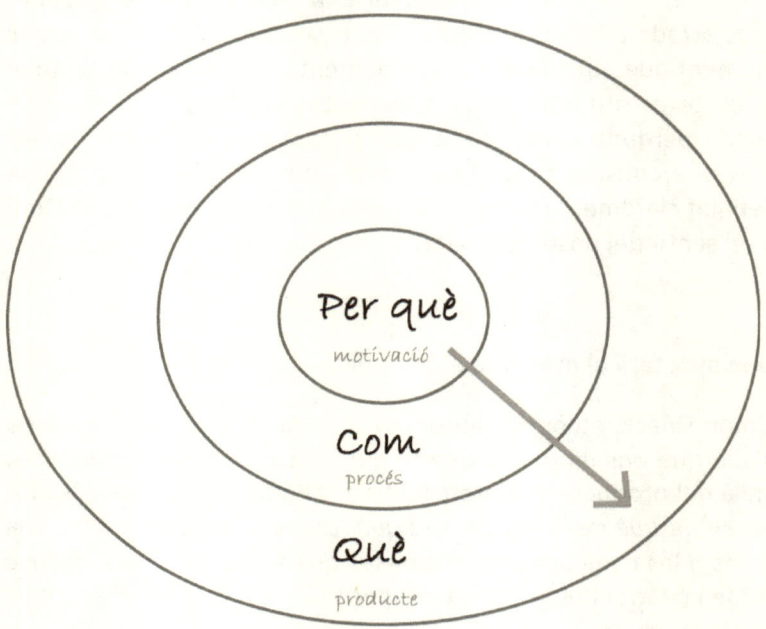

Un bany d'aigua freda...

A partir de la idea, hem de començar a sortir de la nostra zona de confort; aquella situació en la que l'estabilitat ens ofereix 'pau i bons aliments'. Per a assolir resultats és imprescindible sortir de la nostra zona de confort i engegar el motor del negoci perquè mai trobaràs el moment perfecte per dur a terme una idea. És per això que el *perquè* del nostre negoci preval sobre la resta ja que només així té sentit la idea inicial i el projecte pot ser un èxit.

Quan sortim de la nostra àrea de confort, de la nostra bombolla financera, social i cultural, vivim certes incomoditats que han de tenir un sentit per a ser considerades un repte: ens han d'emocionar. Hi ha empresaris que utilitzen el símil de la dutxa d'aigua freda com a mostra del que significa sortir-ne, però jo més aviat ho compararia amb un bany d'aigua freda, perquè aquest requereix una adaptació al medi que la dutxa no té.

A més, l'emprenedor viu en un cert estat d'immersió empresarial, que el fa tenir el cap permanentment en el seu projecte com en un bany, d'on no pots fer un pas i sortir-ne tan fàcilment.

... però que tingui aigua

De vegades sento que l'emprenedoria és un salt al buit, i això normalment m'evoca la imatge d'una persona saltant des d'un trampolí a una piscina buida, amb unes conseqüències dramàtiques pel protagonista. Quan algú inicia un negoci, m'agrada pensar que veu la piscina mig plena com a mínim, ja que saltar al buit (sense paracaigudes) no és ser valent sinó imprudent. És per això que m'agrada definir l'emprenedoria com un salt endavant i amb la xarxa de la planificació a sota.

No nego que hi pugui existir un risc, com en tots els negocis, però cal que la planificació el tingui localitzat per a poder-lo afrontar amb garanties. A partir d'aquí, un negoci que es crea té efectivament un component de muntanya russa, ona dies estem pujant per deixar-nos anar de cop i patir en excés per qualsevol motiu (creatiu, comercial, financer...). L'equip serà molt important en aquests casos, i tenir ben identificades aquestes caigudes per posar-hi ponts que les evitin en un futur ens ajudarà a gaudir del trajecte que suposa emprendre un negoci.

La paranoia és bona en aquests casos

Per últim, cap planificació podrà preveure allò imprevisible, però sí el sistema per a afrontar-ho en cas d'esdevenir. La idea del *perquè* de la nostra empresa que he comentat té el significat de salvavides per a cada sotrac imprevist que ens pugui fer canviar el rumb sense fer patir el negoci ni el seu futur. Si teniu clar el per què existiu, els imprevistos els resoldreu amb més facilitat.

De fet, tot negoci viu en un entorn en constant moviment econòmic, social, cultural o polític, i és per això que cal que estigui preparat per a qualsevol canvi que en faci variar el seu camí inicial. Llibres com l'*Only the Paranoid Survive* (Andrew S. Grove) o l'*Antifragile* (Nassim N. Taleb) ens ajuden a entendre per què és tan important estar ben preparats pel canvi, però a la pràctica és important que adapteu el dia a dia de la vostra empresa a un possible canvi, ja sigui preparant l'equip per a ser polivalent o tenint sistemes que permetin fer una transició que, no només no us faci perdre res, sinó que a més pugui donar-vos noves oportunitats.

Com hem dit, la clau per aconseguir-ho serà tenir clar el motiu principal de la nostra empresa, el seu *perquè*, la seva missió, ja que això defineix un aspecte més estable que no pas allò que fem i el com ho fem.

En un exemple que reconeixeràs, un despatx que té com a motiu la gestió de comptabilitats i impostos té les de perdre amb un assessor que es dediqui a ajudar els empresaris a gestionar-se millor. Mentre el primer pot no haver-se preparat per suportar un canvi en la forma com les empreses calculen i presenten els seus impostos (internet, software al núvol, despatxos low-cost...), al segon assessor tant li és emplenar IVAs com organitzar seminaris de formació fiscal a empresaris. El seu *perquè* estarà per davant del que fa i tots els sistemes de l'empresa estaran preparats per a adaptar-se a contingències de tot tipus.

Un resultat pel gaudi

Com deia fa un moment, crear un despatx ve a ser com un bany d'aigua freda on t'hi aboques durant els primers temps del projecte. És per això que recomano sempre tenir racons de tranquil·litat on l'empresa no hi participi de cap manera i que ens permetin alliberar el cap de la tensió a que està sotmès un emprenedor sobretot els primers mesos del projecte. Un espai bloquejat a l'agenda on els mòbils, tauletes o ordinadors no hi tinguin cabuda, un llibre que no parli d'empreses o una bona conversa amb amics.

Efectivament, emprendre és, com dèiem, semblant a un bany d'aigua freda, però nosaltres i el nostre projecte necessitem la banyera d'aigua calenta per inhibir-nos i deixar que el projecte flueixi sol de tant en tant.

Al final, l'empresa ha d'aportar un resultat a les nostres vides, i aquest resultat cal aprofitar-lo al màxim per a estar bé amb nosaltres mateixos i poder seguir aportant el màxim al nostre projecte i a d'altres de nous.

Les teves idees i potencials accions a prendre

Anota en aquest espai tot allò que hagis après i que creguis que et serà d'utilitat en el teu pla d'acció final.

3

De la idea al projecte

Vols ser assessor?

Podria donar per suposat que si estàs llegint aquest llibre és perquè realment ho vols ser, però tendeixo a fer aquesta pregunta als que entren al meu despatx perquè acostuma a ser contestada amb respostes que permeten copsar el per què d'aquesta decisió sense sentir-la qüestionada.

En tot cas, em permeto reiterar aquesta pregunta i afegir-li un primer qüestionari que ens reflecteixi el per què en base a sis preguntes que creixen en llargària però no en importància.

- Qui ets?

- Què vols ser?

- Per què vols ser-ho?

- Què és per tu ser assessor?

- Què és per tu tenir èxit?

- Podries explicar la teva idea en una sola frase?

Com ho vols aconseguir?

Cal tenir somnis, però també pensar-los i treballar-los, i per això m'agradaria que responguessis les següents preguntes, per a crear el camí a seguir pel teu projecte i saber com imagines el futur proper.

- Si tot fos possible, com seria el teu despatx?

- Com de bona és la teva idea?

- Qui comprarà els teus serveis?

- Tens competidors? Com te'n diferenciaràs?

- Com faràs la teva primera venda? I la cinquena? I la cinquantena?

Quant et costarà?

Quant pot referir-se a diners, però també a esforç. Per iniciar el projecte hauràs de tenir en compte aspectes que et permetin fer-te a la idea del camí que et queda. No t'espantis al mirar-lo i pensa en la satisfacció d'assolir-lo.

- Què pots oferir al teu despatx?

- Què necessites per a crear-lo?

- Què necessites pel primer any?

- Com marcaràs els preus dels teus serveis?

- Quants sou per iniciar el projecte?

Què n'esperes obtenir?

Conec molts empresaris que quan decideixen establir-se pel seu compte tenen l'objectiu de treballar per ells mateixos i d'altres que aspiren a fer-se rics, mentre que sempre queden aquells que no saben ben bé per què ho fan o uns últims que ho fan condicionats per altres empreses a les que serviran:

- Treballes actualment? De què?

- Com et veus d'aquí a un any? I d'aquí cinc? I deu?

- Quantes hores esperes treballar-hi?

- Les previsions que has fet, les has fet en base a facturació o benefici?

- Un cop assolit l'èxit, què n'esperes fer?

És bàsic planificar, però no fer un pla de negoci

Els plans de negoci, al nostre continent, s'han convertit en un tòtem irrenunciable a escoles de negoci, institucions i entitats financeres. Sembla que no es pugui crear un negoci amb un tovalló de paper (com el fitxatge de Messi) i una correcta planificació que vagi al gra, com la que ens aporta el Model Canvas, per exemple, molt utilitzat a Silicon Valley.

El Model Canvas va ser inicialment proposat per l'Alexander Osterwalder que, juntament amb l'Yves Pigneur, van escriure el llibre *Business Model Generation* l'any 2010.

1. Aquest model de planificació està basat en la simplicitat i en l'ordenació de les idees d'un negoci de manera visual. Et permet mirar nou components del negoci en una sola pàgina. Gràficament, el model Canvas el podràs trobar al final d'aquest capítol i, al final del llibre, et donaré accés a un model Canvas complet en format

editable. Ara, però, repassem el contingut del mateix, sobre la base d'una sèrie de preguntes que has de respondre respecte nou factors clau de l'empresa:

2. Persones clau

    a. Qui són els nostres socis clau?

    b. Qui són els nostres col·laboradors clau?

    c. Quins recursos clau estem adquirint d'ells?

    d. Quines activitats desenvolupen?

3. Activitats clau

    a. Quines activitats clau requereix la nostra proposta de valor?

    b. Els nostres canals?

    c. Les nostres relacions amb els clients?

    d. Les nostres fonts d'ingressos?

4. Recursos clau

    a. Quins recursos clau requereix la nostra proposta de valor?

    b. I els nostres canals?

    c. I les nostres relacions amb els clients?

    d. I les nostres fonts d'ingrés?

5. Propostes de Valor

    a. Quin valor aportem als nostres clients?

    b. Quin és el problema que ajudem a resoldre?

c. Quina és la necessitat que satisfem?

d. Quins paquets de productes o serveis oferim a cada segment de clients?

6. Relacions amb el Client

   a. Quin tipus de relació esperes mantenir amb cadascun dels nostres segments de clients?

   b. Quines relacions hem establert ja?

   c. Quin cost tenen?

   d. Com s'integren amb la resta del nostre model de negoci?

7. Canals

   a. A través de quins canals volen ser abastits els nostres segments de clients?

   b. Com els hem anat abastint fins ara?

   c. Com d'integrats estan els nostres canals?

   d. Quins funcionen millor?

   e. Quins són els més rendibles?

   f. Com podem integrar-los a les rutines dels nostres clients?

8. Segments de mercat

   a. Per a qui estem creant valor?

   b. Qui són els nostres client més importants?

9. Costos d'estructura

a. Quins són els costos més importants del nostre model de negoci?

b. Quins són els recursos clau més costosos?

c. Quines són les activitats clau més costoses?

10. Fonts d'Ingressos

a. Per quin valor estan els nostres clients disposats a pagar?

b. Actualment per què es paga?

c. Com estan pagant?

d. Quant aporta cada font d'ingressos als ingressos generals?

Aquest model no deixa de ser un pla de negoci gràfic que permet recopilar dos dels tres aspectes que jo considero bàsics al planificar (la idea i l'estratègia) en diversos requadres que guanyen o perden espai en funció de la seva importància a l'empresa. Sembla un simple canvi gràfic, però la filosofia del mateix parteix del que l'emprenedor de Silicon Valley, Steve Blank, va batejar com a *Lean Startup*, una nova manera de llençar un producte al mercat, basada en la creació d'un producte mínim viable, per així copsar l'opinió dels nostres clients i poder-hi anar fent canvis en base a aquestes opinions.

Però, en realitat, ni tan sols cal fer un model Canvas per a crear un negoci. Una bona planificació no obliga a un model tancat i pre-determinat, sinó que no deixa de ser la posada per escrit dels gargots en un full de paper, la gravació en una nota de veu, la conversa desordenada o els post-its a una pissarra.

El Model Canvas equivaldria a fer una fotografia a aquesta pissarra plena de post-its: posa en ordre la idea i l'estratègia, i ho fan amb dos grans avantatges sobre un pla de negoci convencional:

La brevetat: obliga a ser concís i directe, el que, alhora, obliga a dedicar-se a allò important.

La visibilitat: permet copsar en un cop d'ull el negoci, amb el que això significa a l'hora d'entendre les idees i exposar-les a l'exterior.

Ara bé, un cop fet cal no aturar-se i actuar, és per això que el tercer aspecte que jo inclouria a la planificació seria el temps, és a dir els terminis que ens posem per a cada àrea o pregunta que ens fem.

Per últim, cap estudi de mercat us donarà una informació tan fidel com el món real, pel que recomano que, a més de testejar-ho amb família, amics i col·legues, sortiu al mercat quan tingueu un model adequat (el producte mínimament viable de l'Steve Blank) i no tingueu por a no tenir-lo completament enllestit. Com diu Alan Weiss 'una acció imperfecta supera a una perfecta conceptualització'.

El consell: Les preguntes que hem vist en aquest capítol formen part del que hauria de ser el cor de la teva planificació. Moltes vegades, els plans es centren massa en aspectes econòmics i obliden la missió empresarial, pel que et recomano que tinguis en compte aquestes respostes al planificar la teva activitat empresarial.

Model Canvas per a Negocis

Fet per:	Fet per a:	Data:	Versió:

Persones clau
Qui són els nostres socis clau?
Qui són els nostres col·laboradors clau?
Quins recursos clau estem adquirint d'ells?
Quines activitats desenvolupen?

Activitats clau
Quines activitats clau requereix la nostra proposta de valor?
Els nostres canals?
Les nostres relacions amb els clients?
Les nostres fonts d'ingressos?

Recursos clau
Quins recursos clau requereix la nostra proposta de valor?
I els nostres canals?
I les nostres relacions amb els clients?
I les nostres fonts d'ingrés?

Propostes de valor
Quin valor aportem als nostres clients?
Quin és el problema que ajudem a resoldre?
Quina és la necessitat que satisfem?
Quins paquets de productes o serveis oferim a cada segment de clients?

Relació amb el client
Quin tipus de relació esperes mantenir amb cadascun dels nostres segments de clients?
Quines relacions hem establert ja?
Quin cost tenen?
Com s'integren amb la resta del nostre model de negoci?

Canals
A través de quins canals volen ser abastits els nostres segments de clients?
Com els hem anat abastint fins ara?
Com d'integrats estan els nostres canals?
Quins funcionen millor?
Quins són els més rendibles?
Com podem integrar-los a les rutines dels nostres clients?

Segments de mercat
Per a qui estem creant valor?
Qui són els nostres client més importants?

Cost d'estructura
Quins són els costos més importants del nostre model de negoci?
Quins són els recursos clau més costosos?
Quines són les activitats clau més costoses?

Fonts d'ingressos
Per quin valor estan els nostres clients disposats a pagar?
Actualment per què es paga?
Com estan pagant?
Quant aporta cada font d'ingressos als ingressos generals?

Pots trobar-ne una versió en Word a: www.oriolopez.cat/bonus/creant/   Adaptat de l'original: www.businessmodelgeneration.com

Les teves idees i potencials accions a prendre

Anota en aquest espai tot allò que hagis après i que creguis que et serà d'utilitat en el teu pla d'acció final.

4

Com vols viure la vida empresarial?

Un negoci amb vida pròpia

Molts assessors volen fer de la seva empresa un lloc de treball per a la professió que han fet sempre: assessor. Però el primer que has d'entendre és que un empresari no ha de treballar tant A la seva empresa com EN LA seva empresa.

Això, malgrat sembli un simple canvi de preposició, parteix de la filosofia que el *coach* empresarial Michael E. Gerber va començar a divulgar a través del seu llibre *E-Myth* (en castellà *El Mito del Emprendedor*), i que engloba el que ha de significar per a tu el despatx: l'empresari ha de pensar en com fer créixer i gestionar el negoci, més que en dur-lo a terme directament, ja que si ell no ho fa, no ho farà ningú i pot acabar amb un negoci sobre-dimensionat i sense obtenir-ne més a canvi del que hagués obtingut al mercat laboral.

Per exemple, una queixa habitual en el món dels serveis professionals és que "quan més clients tinc menys diners guanyo". Això acostuma a passar per dos motius:

L'empresari treballa AL negoci i no EN EL negoci, el que provoca manca de delegació en l'equip i manca de rendibilitat pel límit d'hores que pot dedicar.

Els preus que cobra són massa baixos, el que aporta massa clients que aporten pocs diners a l'empresa i molta feina, per a la qual es contracta més personal de l'assumible.

Cal que l'empresari treballi des del principi en la manera de gestionar el seu negoci, identificant aquells processos importants per a sistematitzar-los a fi i efecte de delegar-los quan es tingui l'oportunitat. No parlo de defugir responsabilitats, sinó d'entendre que, quan un negoci creix tant com per contractar una persona, l'empresari ha d'entendre que ell ha de cedir responsabilitats per a centrar-se en la part més empresarial del negoci: aconseguir clients i procurar que el negoci segueixi creixent.

És per això que m'agradaria exposar-te de manera resumida els aspectes que faran de la teva empresa una història d'èxit, mitjançant una sèrie d'eines que et facilitaran aquesta tasca i que et permetran centrar-te en el teu negoci.

Les 3 claus del negoci

Fins ara hem vist el negoci com a idea, però a més de la idea, un negoci és també un client i un espai de relació entre els dos.

La idea tots els emprenedors la tenen i desenvolupen a través de plans de negoci, models Canvas, pissarres, blocs de notes o tovallons de paper. Com hem comentat, ha de poder-se resumir en el següent procés:

- Un *perquè*, doncs, com he comentat, la missió del nostre despatx és la que ha de liderar tota l'estratègia de la mateixa i les decisions que se'n derivin.

- Un *com*, que permeti copsar de manera simple els principis que guien la nostra actuació.

- I un *què*, que mostri al món un servei que sigui conseqüència dels dos factors anteriors.

El client, però, és quelcom que alguns empresaris obliden d'analitzar quan, com sembla obvi, hauria de ser un factor clau del nostre negoci. De vegades oblidem que el client vol el resultat i no pas el procés, per això és molt important treballar bé el seu estudi, tal i com comentaré en el següent pas.

Per últim, el *què* serà una conseqüència de tenir ben treballats els dos primers aspectes, i no pas la base dels mateixos. He vist despatxos on-line fracassar mentre els seus clients li demanaven reunir-se amb ells habitualment. Aquests despatxos havien adaptat el negoci al mitjà (al *què*), i no a l'inrevés. Això, a més, implicava no atendre ni entendre els fets que les portaven a un altre mitjà per un client que no havien tingut en compte.

Els Clients

Quan li dic això als assessors, sempre em responen igual: no puc fer fora un client. I jo els hi contesto: per què no? Si no pagues el cafè en un bar o fas xivarri a la botiga de la cantonada, t'ho permetran? Llavors, per què un assessor no pot triar aquells clients que desitja tenir? Molts posen com a raonament l'economia i el fet de no poder deixar de tenir ingressos, però en realitat, quants d'aquests empresaris se n'adonen massa tard que sí, que cada cop tenen més ingressos, però a costa de tenir més maldecaps, més despeses i menys beneficis.

El valor és subjectiu i cada client valorarà el que oferiu en diferent mesura, pel que sembla lògic dir-vos que us heu de dirigir a aquells clients que us valoren més per allò que feu i treballar en oferir-los més i millors serveis. Al final del camí, en això es basa el mercat, que no deixa de ser el resultat de la presa de decisions de milers de milions de persones, que decideixen comprar un producte o servei perquè el valoren més que els diners que els hi costa. Això no significa, en tot els casos, fer fora clientela, però si tenir molt clar que les nostres estratègies de màrqueting i desenvolupament de productes o serveis han d'anar dirigides al nostre client objectiu i no a cap altre. Sou vosaltres els qui definiu el vostre model de negoci i el client a qui us dirigiu, i no el client qui decideix a què us dedicareu i com ho fareu.

Amb els anys, he arribat a classificar clients de moltes maneres, però, simplificant-ho, podríem trobar-ne un mínim de tres tipus:

Un client que ens cau bé, ens agrada el seu sector, la manera de portar la seva empresa, valora el nostre producte i sap diferenciar-lo del de la competència, a més d'adaptar-se sense problemes a les nostres condicions de treball i cobrament

Un client que no ens fa especial il·lusió, però paga correctament i s'adapta a les nostres condicions de treball i cobrament.

Un client problemàtic que no paga bé, no ens valora, no dóna possibilitats de vendre-li més, ...

Treballar pel tercer tipus és un motiu de gust pel dolor, pel que no entraré a valorar-lo. Però en el segon tipus de clients hi entra una paraula, que no pronunciaré en aquest article, però que tots coneixem quan ens diuen què vol dir treballar per qui no estimes però et paga. No t'equivoquis: oferir un servei que valorin tots tres tipus és impossible, pel que sempre hauràs de dirigir els teus esforços al primer client, ja que serà aquell que més valorarà allò que ofereixis i que et permetrà obtenir rendibilitat i benestar al teu despatx. A més, sempre acabo la conversa preguntant: estàs segur que donar servei al segon tipus de clients no està perjudicant el que ofereixes al primer tipus?

La tria del nostre client ideal ha de ser valorada també en el precís moment de la creació, ja que lluny d'agafar com a costum l'acceptació de tothom que es posi en contacte amb nosaltres, això ens podria lligar en un futur a problemes d'estructura i/o morositat, alarmants.

Cal que detalleu el retrat robot del vostre client i que l'aneu actualitzant a mesura que el vostre negoci avanci.

L'Empresari

Ludwig von Mises, impulsor de l'Escola Austríaca d'Economia i autor d'un dels tractats d'Economia més complets i influents dels nostres temps, *l'Acció Humana,* definia l'emprenedor de la següent manera:

"Entrepeneur (francès). Literalment, persona que emprèn. Segons el sentit habitual del terme, empresari, promotor o contractista que planifica, organitza i dirigeix la producció, és a dir, que promociona i emprèn les accions necessàries per posar en marxa una empresa, primàriament en benefici propi. En el sentit que la teoria econòmica científica dóna al terme, l'entrepeneur és l'home que actua, i que ho fa assumint la incertesa inherent a tota acció –tota acció humana es troba inscrita al si del flux del temps i, per tant, implica certs graus d'especulació orientada a anticipar esdeveniments futurs. L'entrepeneur procura actuar per produir una situació futura més favorable que la que resultaria de la seva inacció o del fet d'actuar de qualsevol manera diferent. L'entrepeneur, és a dir, l'home que actua, és l'agent en què recauen els beneficis o les pèrdues d'una acció."

L'empresari, per tant, ofereix una millora a la societat de la que espera extreure'n un rendiment basat en el valor que aporti a la mateixa i assumint el risc de que no funcioni.

El Líder

Com ja he dit, la idea és la base de la empresa. Cal que qui exerceix el lideratge del negoci assumeixi que la seva feina EN EL mateix comportarà que el reconeixement se l'endugui l'empresa enlloc del líder. Això és el que el farà respectat i inspirador pel món, i no pas mirar-se al mirall per a auto-reconèixer-se brillant. Enlloc d'un mirall, un líder posarà una finestra al seu despatx i contemplarà el món i la societat que ha acollit el seu producte o servei.

L'Equip

Els diferents models de negoci que han anat creant-se i evolucionant en els últims anys han canviat la definició d'equip respecte al que sempre havíem entès. Actualment, l'equip ja no només són els treballadors interns que una empresa tingui, sinó també aquella xarxa de col·laboradors que treballen pel mateix objectiu, ja sigui totalment o parcial. Això fa que la creació d'aquest equip esdevingui més flexible en les persones però menys en els perfils, pel que serà més important tenir definits els 'llocs de treball' que requereix la nostra empresa ara i en un futur per a després anar triant les peces concretes que ompliran aquests espais.

Moltes vegades hem sentit allò de motivar l'equip per a tenir èxit però, si voleu que us doni la meva opinió, si et preguntes com has de motivar l'equip és que, o bé no tens l'equip adequat o bé no has sabut explicar bé el motiu del teu despatx. Un negoci és com un autocar dirigint-se a un objectiu, per això et recomano que triïs bé qui hi puja abans d'arrencar per tenir èxit. A més de triar bé qui hi puja, has d'asseure a les persones de l'equip als llocs adequats, assegurant-te que tothom és on més valor pot aportar al conjunt. Un cop fet això, ja pots posar la clau i engegar el motor.

Quan comento això a un empresari autònom el primer que fa és riure sorprès... "Però si estic jo sol!". La meva resposta és sempre la mateixa: que estiguis sol ara no vol dir que no tinguis equip ni llocs de treball, sinó simplement que ara ets tu la persona assignada a gairebé tots els llocs, per no dir tots.

Des de l'empresari individual que col·labora amb d'altres empresaris, fins a la societat capitalista amb molts treballadors assalariats, tota empresa necessita d'un equip que permeti l'assoliment de l'objectiu empresarial.

Com qualsevol factor productiu, cal considerar-lo més una inversió que una despesa, i és per això que cal triar bé els companys de viatge i invertir-hi convenientment en formació i eines de millora de la gestió interna, a fi i efecte d'aconseguir eficàcia en les decisions i eficiència en la feina feta.

Com ja he dit, doncs, això implica haver de fer un organigrama, que defineixi l'equip i que permeti crear una empresa ideal, amb els seus llocs de treball i responsabilitats per així poder créixer ordenadament i poder delegar amb garanties quan arribi el moment. No oblidis que la feina de l'empresari ha de ser treballar EN l'empresa i no A l'empresa, pel que definir clarament el nostre futur creixement ha d'estar dins de les prioritats de gestió.

Els Sistemes

La sistematització de les tasques de la teva empresa és quelcom que has de començar des del primer moment, ja que com més avança la vida de l'empresa, més aprofundiràs en els sistemes com a eina de millora de l'eficiència del teu negoci i amb més tranquil·litat el faràs créixer.

Els sistemes, a més, permeten a l'assessor de guanyar temps que podrà dedicar a pensar en el negoci o simplement al temps lliure que et cal..

Per últim, els sistemes t'ajuden a dedicar el capital de l'empresa allà on aporta més valor al negoci. El problema, però, és que la creació de sistemes ha d'anar acompanyada de la seva implementació i aquesta cal que sigui generalitzada si volem que sigui útil i faci realment millorar el nostre negoci.

És per això que, habitualment un dels problemes amb que ens trobem a l'hora de crear i implementar sistemes de treball a les empreses acostuma a ser la resistència de l'equip a involucrar-se en la creació, millora i ús dels sistemes creats, pel que cal tenir ben estudiat l'equip, les seves motivacions i els seus incentius a l'hora d'instaurar procediments i sistemes de treball.

La meva experiència em porta a dirigir-me a dues maneres (complementàries) d'aconseguir l'èxit:

- La motivació: aconseguir canviar la mentalitat de l'equip a una cultura de sistematització, mitjançant incentius, jocs i d'altres eines.

- La tranquil·litat: la implementació ha d'anar al ritme dels més lents, aconseguint primer adaptar l'equip a ell, per a després fer-lo més àgil i eficient en el seu conjunt.

Per exemple, una bona manera de començar seria crear un sistema general que permeti a tot l'equip d'involucrar-s'hi, oferir un premi al més participatiu (votat per la resta) i implementar-lo al mes següent. Podríeu repetir el procés mensualment amb el que aconseguiríeu tenir dotze sistemes funcionant en un sol any.

Però si res de tot això funciona pot ser que, com dèiem abans, no tinguis l'equip adequat i, llavors, et caldrà valentia per a fer els canvis que pertoquin a fi i efecte de crear un grup humà i professional coherent amb la visió empresarial.

El Benefici

És millor tenir més facturació o més beneficis? Hi ha qui pensa que això seria com preguntar si prefereixes més roba o més sabates – segurament voldràs totes dues coses, perquè les consideres igual d'importants. Tot i així, crec que en èpoques de crisi com l'actual, aquesta és una afirmació que pot ser discutida.

De vegades hi pot haver una raó que ens faci pensar que és millor incrementar la facturació abans que els beneficis. Em ve al cap el cas d'una empresa que està invertint en actius fixos potents, formant treballadors o desenvolupant un producte. Però fins i tot en aquests casos necessites els beneficis per sobreviure, i això és quelcom que sovint s'oblida en el món empresarial, guiat masses cops per la lògica de la facturació.

Si em permets, et faré una pregunta: si haguessis de triar, preferiries incrementar la facturació en cinquanta mil euros o els beneficis en trenta mil euros? Efectivament, els cinquanta mil euros d'increment de facturació poden premiar el teu ego, però si el cost d'obtenir-lo és superior, ja sigui perquè has hagut de finançar-te o perquè els marges són massa petits, llavors no estaràs fent cap bé a l'empresa. Té sentit, oi?

Per exemple, massa assessors tenen por d'apujar els preus per por a perdre clients però de vegades la pèrdua d'alguns clients (i per tant de gruix de facturació) pot ser compensada amb un increment dels beneficis degut als millors marges amb els clients que es mantenen, així com de la reducció de despeses derivada del menor nombre de clients.

La facturació és bona, però al final del dia tenir benefici (ser capaç de pagar els teus deutes i tenir diners al banc) sense cap dubte és molt millor.

L'obsessió de molts empresaris en la facturació els fa oblidar l'objectiu econòmic principal de qualsevol negoci: el benefici. I aquesta voluntat malaltissa d'incrementar la facturació porta a molts empresaris a deslligar l'empresa del necessari criteri de prudència en la tria de clients i la política de cobraments.

El consell: *Una conversa habitual que mantinc amb assessors és la següent:*

Oriol: Com va el despatx?

Assessor: Uf, treballo masses hores i guanyo molt poc. Què puc fer?

Oriol: Apuja els teus preus un 20%.

Assessor: Però perdré clients!

Oriol: i llavors treballaràs menys i guanyaràs més, oi?

Sé que no és tot tan fàcil, però segur que entens per on vaig, oi?

Les teves idees i potencials accions a prendre

Anota en aquest espai tot allò que hagis après i que creguis que et serà d'utilitat en el teu pla d'acció final.

5

És hora de millorar

Un cop tens el despatx i saps què has de fer en el teu dia a dia entrem a la fase de la millora del teu negoci, la que et permetrà assolir la vida que esperes. Per a aconseguir-ho et caldrà centrar-te en el que són les Claus del despatx de nova generació.

Els 7 motors del creixement

Si et preguntessin com pots fer créixer el teu despatx, en un primer moment segur que diries aconseguint més clients. I no és que sigui falsa aquesta afirmació però no tot el creixement d'una empresa es computa pel nombre de clients. Per exemple, com comentava abans, una empresa de serveis professionals pot acabar concloent que més clients li comporten menys resultats, si no té en compte quin tipus de client vol, com absorbir-los o quin preu cobrarà.

És per això que, a risc de simplificar-ho en excés, m'agradaria mostrar-te els set aspectes clau que fan créixer les empreses:

1. **Aconsegueix més entrades**: és a dir, contacta amb més gent, fes que més públic entri al teu despatx, et demani pressupost o simplement se subscrigui al teu butlletí

electrònic. Mantenint la resta constant, aconseguir més entrades porta a un inevitable increment dels beneficis.

2. **Converteix més entrades**: això significa que has de millorar el procés de presentació del teu servei i la venda al client. Si apuges el rati de conversions creixeràs més, així de fàcil.

3. **Fes que els teus clients comprin més**: la manera més fàcil de vendre més és aconseguir que els teus clients fidels et comprin més serveis que abans.

4. **Fes que els teus clients et comprin més sovint**: si incrementes la freqüència amb què els teus clients et comprin, aconseguiràs millorar el teu resultat.

5. **Fes que els teus clients es quedin més temps**: millora el teu servei, amplia els contractes... Fes el que puguis per aconseguir que els teus clients no et deixin i s'estiguin amb tu molt més temps.

6. **Augmenta els teus preus**: t'has parat a pensar mai que un increment lineal de l'u per cent en els teus preus pugui tenir un efecte multiplicador al teu benefici net? Calcula-ho i ho entendràs.

7. **L'efecte sinergètic**: per últim, notaràs una millora exponencial en els resultats dels sis motors anteriors si actues sobre tots i cadascun d'ells alhora. Això no vol dir que ho miris d'abraçar tot de cop, però sí que tinguis dins dels teus objectius aconseguir-ho, perquè la millora en tots els àmbits és impressionant.

I en tots els casos, mesura l'evolució dels motors que hagis triat com a garantia de l'èxit i segueix el resultat obtingut. El que no es mesura no existeix, per això, tant important com prendre decisions és avaluar el seu resultat i fer-ne un seguiment periòdic. Al final, però, es tracta de moure's... pensar, planificar, posar dates, treballar i mesurar. Només així, prenent un objectiu que compleixi la regla SMART (Simple, Mesurable, Accessible, Rellevant i fixat en el Temps) podràs assolir l'èxit.

El consell: Vols aprofundir-hi? Al final del llibre t'explicaré com fer-ho gratuïtament amb un dia complet de formació amb mi.

El Quadre de Comandament

Com a assessor, segur que has sentit a parlar del quadre de comandament com a eina de control empresarial habitual a moltes empreses. El quadre de comandament és un resum (amb o sense gràfics) de la informació bàsica que conté un compte de resultats i un balanç de situació. Per a fer-lo adequadament caldria que estigués resumit fins a ocupar una sola pàgina, on se'ns mostri la informació més rellevant per a la nostra empresa.

Un quadre de comandament bàsic, podria incloure:

- Evolució del resultat: el que considerem que expressa millor l'evolució de la nostra activitat.

- La distribució de despeses

- Tres o quatre ratis que expressin solvència, rendibilitat financera, econòmica, liquiditat, període mig de pagament i cobrament... En tot cas, es tractaria de triar els ratis que més informació donin al cas concret de la meva empresa.

En tot cas, el quadre de comandament no és ben bé un estat financer, sinó que s'assimilaria a la cabina del capità d'un vaixell, des d'on pot observar la velocitat, la distància a terra, els indicadors de pressió, tripulació... Ha de ser útil i, per a ser-ho, cal que pugui reflectir de manera àgil i amb una sola mirada, la situació econòmica i financera de l'empresa, per entrar al detall de cada aspecte destacat, quan correspongui.

El Pla d'una Pàgina

Però, i si portéssim el quadre de comandament a un altre nivell? I si afegíssim al quadre de comandament, alguns indicadors indirectes que ens permetessin, no només controlar-ne l'evolució, sinó preveure'n els resultats futurs i prendre mesures per a millorar-los? Això és el que s'anomena Pla d'una Pàgina i crec que és molt útil per als despatxos que volen millorar els seus resultats, si aconsegueixes que sigui:

- Mensual: és la periodicitat que garanteix millor la qualitat de la informació i la presa de decisions

- Simple: has de poder-lo treure amb un simple clic a l'ordinador

- Clar: ha de permetre copsar els factors principals de l'empresa amb un simple cop d'ull.

El Pla d'una Pàgina inclou aspectes que afecten de manera directa i indirecta a l'evolució futura de l'empresa. En concret inclou:

- Dades, comparades amb els seus objectius

- Valoració de les mateixes

- Accions a emprendre per a millorar-les o mantenir-les

Per exemple, si el teu despatx converteix aproximadament el 50% dels pressupostos que presenta i estàs engegant una campanya de màrqueting t'interessarà fer un seguiment del nombre de pressupostos que lliures per a veure si quan augmentes el nombre de pressupostos lliurats també augmenten els teus ingressos. Entre aquests indicadors, també podrem incloure dades relatives a formació del personal, nivells de satisfacció dels clients, subscriptors al nostre butlletí electrònic...

En definitiva, el Pla d'una Pàgina et permetrà fer un pas endavant respecte al tradicional quadre de comandament, aportant-te informació no comptable que et doni una visió de com evolucionarà el teu negoci, però per a que tingui èxit, cal que aquest pla inclogui també accions a fer en cada cas.

Les 10 raons per les quals fracassa un negoci

Michael E. Gerber, del qual he parlat abans, ens mostra el motiu que fa que les empreses fracassin. En aquest llibre he anat desgranant cadascuna d'aquestes raons en forma de capítols sencers o preguntes a fer-te al teu despatx, però m'agradaria fer-ne un resum per a que les tinguis en consideració a la teva vida empresarial. Aquestes 10 raons són les següents:

1. Manca de sistemes de gestió per dirigir l'empresa

2. Manca de visió i propòsit del propietari

3. Manca de planificació i revisió financera del mateix

4. Sobre-dependència en persones específiques de l'empresa

5. Pobre estudi, segmentació del mercat i estratègia

6. Errònia manera d'establir o comunicar els objectius de l'empresa

7. Manca de coneixements sobre el mercat i la competència

8. Capitalització inadequada o manca de fons

9. Absència d'un programa de qualitat estandarditzat

10. Propietaris concentrats en l'apartat tècnic, enlloc d'en l'estratègic

---

El Consell: *pregunta't com crearies un despatx independent de tu. Aquesta és la pregunta que durà a l'èxit del mateix, ja que aquest és fruit de la imaginació i no només de l'esforç.*

Al final, Un negoci és una idea... res més.

L'òptim de Pareto

Per resoldre alguns dels aspectes que fan fracassar les empreses, cal que treballis en l'eficàcia, però també en l'eficiència.

Només algunes coses en un negoci són realment importants, la resta no ho són, i és per això que m'agradaria recordar-te el principi del 80/20. Aquest principi ens diu que la minoria (un 20%, per exemple) de les causes o esforços normalment generen la majoria (un 80%, per exemple) dels nostres resultats.

Aquest principi, que no té per què seguir els números exactes de 80/20 i podria repartir-se amb un 70/30 o amb un 90/10, ens ajuda a centrar-nos en allò realment important del nostre negoci, per tal de dedicar-hi més esforços o a millorar els procediments d'allò no tant important, per a que esdevingui òptim. I això, cal fer-ho aplicant el principi a diferents aspectes de la nostra empresa, com podrien ser que un 20 per cent dels nostres clients, mercats i serveis generen el 80 per cent dels nostres beneficis; que un 20 per cent de les teves tasques generaran el 80 per cent dels teus resultats; o bé que un 20 per cent de les teves decisions generaran un 80 per cent del teu progrés.

I un cop identificades les àrees on pots aplicar el principi, ja pots començar a treballar en el 20 per cent important, per millorar-lo i expandir-lo; i analitzar el restant 80 per cent menys important, per a fer-lo més eficientment o, si no és possible, aplicar-hi molts menys recursos o abandonar-lo.

Recorda que no cerquem el percentatge exacte (80/20 per cent) sinó que només hem de detectar la proporció entre el que inverteixes i el que obtens.

Guanyar temps pel teu negoci

Ja hem parlat abans de la importància del organigrama i de la creació i implementació de sistemes per a millorar la vida empresarial. Com a propietaris d'un negoci ens cal dedicar-nos a millorar els nostres resultats, fent coses noves i/o d'una manera diferent. Al final, només quan actues per canviar el que fas és quan obtens resultats. Però llavors... què t'atura?

La resposta habitual acostuma a ser la manca de temps deguda a una sobre-dependència del dia a dia del negoci en l'empresari. El procés que ens ha dut a aquí és simple: un negoci ofereix un producte o servei als seus clients, i això és el que tu fas. Però portar un negoci requereix molt més que simplement servir als teus clients, pel que també et dediques a això últim (probablement en el teu temps lliure). Hauries de contractar personal per a que t'ajudin, però segueixes dedicant molts esforços a fer que el negoci funcioni: com correspon... és el teu negoci, oi?

Per tant, quan no treballes pels clients, ho fas per complir la normativa (fiscal, laboral, dades...). Llavors et dediques a gestionar el personal, però també aprofites per preocupar-te per l'àrea financera. Queda temps per a dedicar-te a treballar en el negoci? Hauràs de delegar, però com?

1. Treballa en com deixar de fer les tasques menys importants.

2. Treballa en com pots delegar eficaçment aquestes tasques a algú altre.

3. Treballa amb aquest altre per a sistematitzar les tasques per a que ambdós estigueu convençuts de que la feina es fa bé sempre.

Ho has intentat abans? Doncs fes-ho diferent aquesta vegada, busca inspiració... i torna a començar el procés.

Posar els preus per al màxim benefici

"La competència en el mercat porta a una persona egoista a despertar-se al matí, mirar més enllà de terra i produir a partir de les seves matèries primeres, no el que vol, sinó el que volen els altres. No en les quantitats que prefereixi, sinó en les quantitats que prefereixen als seus veïns. No pel preu que somia carregar, sinó a un preu que reflecteixi la quantitat en la que els seus veïns valoren el que ha fet." Fiedrich August von Hayek

Aquesta és la pregunta que ens hauríem de fer molts professionals a l'hora d'oferir les nostres serveis i posar-los preu, més enllà del nombre d'hores que hi hem dedicat. Ja és coneguda la història de la pedra que es troba al costat d'un diamant i que, per tant, ha provocat els mateixos costos que aquest a l'hora d'extreure-la. Aquesta pedra té un preu molt inferior (fins i tot zero) mentre que el diamant té un preu molt més elevat. Només amb això, els professionals, que ens dediquem al món dels serveis, ja hauríem d'abandonar la comptabilitat de costos com a sistema de càlcul dels nostres honoraris.

El valor és subjectiu i, com que el preu és la quantificació del valor, també és subjectiu. Per això no existeix un preu òptim o de mercat, sinó que cada persona, amb les seves accions marcarà el seu propi preu òptim per cada producte o servei. El problema és: com posar aquest preu? Podem trobar una manera objectiva de calcular-lo? Doncs, afortunadament, no, el que significa que el nostre client serà qui ens mostrarà al valor real que li oferim i nosaltres haurem de triar si s'adequa als nostres serveis o no. És a dir que la pregunta inicial que s'ha de fer un professional no és quins serveis oferir sinó a quins clients servir, com ja hem explicat abans.

Posar un preu en funció de les hores invertides és injust pel client, ja que no coneix per endavant la inversió a realitzar per un servei ni el valor que li aportarà, a més de pagar per les ineficiències del mateix; però també és injust pel professional, que no veurà recompensat el valor real que està aportant, i és per això que crec que els professionals hem de tendir a calcular els preus en base a un valor que, certament, serà personal i, per tant, de difícil quantificació, però que dependrà de la nostra capacitat per conèixer les necessitats dels nostres clients i quantificar-les. Això ho fa difícil però no impossible, ja que és una qüestió d'escoltar-lo atentament i saber a on el podem ajudar.

El final de tot plegat és conegut per molts professionals, que acaben posant preus més baixos, perquè no trien els clients adequats i no estudien el valor que han d'aportar-los per a que aquests estiguin contents. Però això ho discutirem en un altre llibre, parlant de la manca d'auto-estima de molts professionals.

I llavors, per què no ho fem?

El consultor empresarial Ron Baker ens posa aquestes frases negatives com a guia del que els assessors diuen habitualment:

- No tenim prou clients de qualitat

- Els clients ens veuen com una commodity

- Els clients no entenen el valor que els hi aportem

- La nostra gent no entén el seu valor

- Quan els clients es posen durs negociant, ho acceptem

- La nostra professió té molta competència, pel que els preus baixen

Tot això són excuses que ens mostren quatre problemes principals:

- Una manca d'estratègia a l'hora d'oferir els nostres serveis

- Una manca de voluntat i propòsit per a canviar les coses

- Una baixa eficàcia en la venda dels nostres serveis

- I una pobra estratègia de tria de clients, tema del qual ja n'hem parlat.

Abans de poder posar un preu no basat en hores i, per tant, més adequat al valor que has aportat, és important que sàpigues quin valor aportes i hi creguis fermament per a poder-lo transmetre correctament als teus clients. D'altra manera, si no ofereixes valor o no saps transmetre'l, els clients percebran això mateix i no podràs millorar els teus resultats, pel que és tan important oferir un servei que aporti valor al teu client com tenir confiança en tu mateix i en el que estàs fent per ell.

Tenir cura del client

Millorar la teva relació amb els teus clients ideals, per a millorar els teus resultats sobre la base de la fidelització i les referències, és cabdal si volem assolir l'èxit.

Basant-me en la meva experiència professional, m'atreveixo a donar-te els següents consells per a millorar aquesta relació i fer-la fructificar en més i millor negoci:

- Si els teus clients no t'escolten, no és culpa seva, sinó teva, pel que hauries de revisar la manera com comuniques per a fer-te entendre.

- La gent té problemes i/o necessitats que volen resoldre, i has de conèixer-les bé, pel que: pregunta, calla i escolta les respostes.

- Els clients estan interessats en com pots ajudar-los a resoldre un problema o millorar la seva situació.

- La gent et comprarà si ets capaç de ser precís i ajudar-los a arribar als seus objectius… No els avorreixis amb llargues diatribes sobre tu i els teus serveis.

- La gent no et compra pel què fas sinó per com el teu producte o servei pot ajudar-los (també després de deixar de treballar amb tu).

- Els clients volen que els hi expliquis clarament què obtindran de comprar-te, pel que explica'ls com t'ho faràs per millorar la seva situació.

- Als clients els encanta quan veuen clar què els pots oferir, pel que digue'ls "Podem fer això" i oferiu-li proves i exemples que els permetin veure el resultat.

- No menteixis mai

- Si no saps alguna cosa, digues-ho amb naturalitat, però no miris d'amagar-ho

- I, finalment, i a risc de fer-me pesat: els clients prefereixen que callis i escoltis.

Comptabilitat al núvol: amiga o enemiga del despatx?

Fa un temps que als despatxos professionals circulen moltes informacions sobre la comptabilitat al núvol, i m'agradaria donar la meva opinió sobre el tema:

1. La comptabilitat al núvol (o el terme original és SaaS – 'software com a servei ") ha estat disponible durant almenys 10 anys, pel que no és res nou, en realitat.

2. La comptabilitat al núvol es basa en què les vostres dades (o les dels clients) s'emmagatzemen a Internet (en lloc d'un PC o un servidor) perquè s'hi pugui accedir fàcilment i de manera eficient.

3. A dia d'avui només hi ha aproximadament un 3-4% de les pimes que utilitzen un sistema de comptabilitat basat en el núvol.

4. Els pioners que ja s'hi han sumat gaudeixen d'un enfocament simple i innovador de la comptabilitat, amb les possibilitats que comporta a nivell d'assessorament.

5. Molts dels escèptics estan preocupats pels problemes de seguretat. Són els mateixos que estaven preocupats per la seguretat de la banca electrònica i ara és probable que la utilitzin sense pensar-hi.

6. Els fabricants de programari de comptabilitat (que va començar com un CD/Servidor/sistema d'unitat de disc dur) estan invertint molts diners per estar preparats pel núvol, i els fons de capital de risc i els mercats financers estan donant suport a aquestes inversions.

7. Els sistemes de comptabilitat al núvol no resolen els problemes de 'neteja de dades' introduïdes incorrectament pels clients, però això ja ho tenim ara amb factures repetides, amb canvis de nom o d'imports, caixes de tiquets, ...

8. Els programadors han quantificat que aquests sistemes permeten guanys en l'eficiència d'entre un 10 i un 40%, el que significa un estalvi idèntic en el temps de cada lloc de treball del despatx.

9. Quan un client té les seves dades a Internet és més fàcil de transportar les dades d'un despatx a un altre, o d'un sistema informàtic a un altre, ja que la pròpia idiosincràsia d'internet obliga a aquests programadors a que l'exportació de dades es faci en formats més estàndards, per a ser competitius: fàcil sortida igual a fàcil entrada.

10. A dia d'avui els sistemes de comptabilitat al núvol no permeten fer liquidacions d'impostos i confeccionar els models, pel que encara no substitueixen del tot els nostres programes de fiscal. Això implica tractar el programa de comptabilitat com quelcom separat i que podria estar fent el client, però té avantatges si acostumes el client a introduir-te factures, per exemple

11. I per últim... Això passarà, t'agradi o no.

Les teves idees i potencials accions a prendre

Anota en aquest espai tot allò que hagis après i que creguis que et serà d'utilitat en el teu pla d'acció final.

6

Fes-ho possible

És la teva hora

Els resultats vindran si treballes a consciència, per tenir més informació del teu despatx i segueixes els consells que t'he donat per a optimitzar-lo.

I ara, com he comentat al principi, t'animo a posar-te a treballar recordant-te que aquest llibre no ha de ser una simple lectura per pensar i res més, sinó que cal que passis a l'acció i comencis a fer coses. Per tant, et recomano que:

- Torna'l a llegir pas a pas i pren notes.

- Llavors descansa un o dos dies.

- Torna a valorar tot el que has anat anotant i llegeix el llibre novament, subratllant aquelles àrees on sigui més important centrar-te.

- Planifica el teu despatx abans de posar-te a escriure un pla.

El teu pla d'acció

"Una acció imperfecta supera a una perfecta conceptualització"

Alan Weiss

Acció	Prioritat	Responsable	Termini	Acabada

7

Qui sóc?

Qui sóc?

Sóc Oriol López Villena, assessor i consultors dels assessors, a qui ajudo a millorar els seus resultats i qualitat de vida.

Afegeix-me, si ho vols, a la teva xarxa de contactes a LinkedIn i compartiré amb tu més coneixement.

Què aporto?

Puc ajudar-te a millorar els teus resultats i qualitat de vida, treballant amb tu i/o el teu equip.

Concretament, t'ajudaré en cinc àrees:

- ✓ **Estratègia**: com veure el que els teus competidors no veuen i passar a ser un despatx de nova generació
- ✓ **Proactivitat**: com ser cada cop més valuosos pels teus clients

- ✓ **Preus**: com valorar els teus serveis i aconseguir que els clients els valorin
- ✓ **Màrqueting**: com comunicar la teva proposta de valor i posicionar-te com a expert.
- ✓ **Temps**: com tenir temps per a les coses realment importants de la teva vida.

Com ho faig?

M'agrada adaptar els meus serveis a les teves necessitats, pel que si em dius el principal repte que afrontes, et mostraré com puc ajudar-te.

Envia'm un email a oriol@oriolopez.com i en parlem sense cap compromís.

8

T'ajudo

Una proposta basada en l'estratègia i l'acció

M'agrada treballar pas a pas, deixant fluir les idees al teu ritme per a que realment esdevinguin accions, ja que és això últim el que et durà a l'èxit. És per això pel que adapto els meus serveis als teus reptes i t'ajudo a marcar un camí a seguir i unes accions a dur a terme.

Aquestes són algunes de les maneres en què puc ajudar-te...

Dia Estratègic

És un dia complet per bloquejar a l'agenda i dedicar-se a l'estratègia del despatx. Per a començar a treballar junts en la millora del teu despatx cal que agafem les regnes creant una estratègia basada en els teus reptes.

Impuls Proactiu

El programa Impulsa't és un servei de 6 mesos amb accés il·limitat a mi, per email, telèfon, vídeo-conferència... T'ajudo en la teva estratègia (com posar preus, com guanyar visibilitat, com aconseguir més i millors clients, com posicionar-te com l'expert...) i en la teva tàctica (què dir a la reunió de demà, revisió de propostes, objeccions en els preus...).

Va dirigit a aquells qui es prenen seriosament el seu negoci, i es recupera fàcilment mitjançant més clients i/o preus més alts. L'admissió és limitada, ja que només puc fer de mentor d'uns pocs professionals alhora.

Abans de començar estudiarem conjuntament si el programa s'adapta o no a tu. Si hi estàs d'acord, començarem analitzant la situació actual, expectatives i les propostes de valor fonamentals. Llavors establirem els objectius a assolir i ens posarem a treballar, amb converses setmanals per a assegurar-nos que passes a l'acció en tot allò que et proposes..

Club Avança

Puc ajudar-te a millorar els teus resultats i la teva qualitat de vida de manera continuada i aprofitant les experiències d'altres professionals.

Imagina't que poguessis passar 90 minuts, cada mes, millorant els teus resultats i qualitat de vida, fent-me tantes preguntes com vulguis, rebent respostes concretes i recursos que t'ajudin a assolir els teus objectius, així com aprenent de les preguntes i experiències d'altres empresaris com tu. I tot això, sense sortir de la comoditat de la teva oficina o casa, per una quota mensual fixa i amb la garantia de poder-te donar de baixa en qualsevol moment i sense cap explicació.

Consultoria

M'agrada adaptar els meus serveis a les teves necessitats, pel que si em dius el principal repte que afrontes, et mostraré com puc ajudar-te. Envia'm un email a oriol@oriolopez.com i en parlem sense cap compromís.

9

Un regal

El Seminari de Proactivitat

Com a expert en la millora de despatxos professionals, faig sovint xerrades a entitats sectorials de tota mena tractant molts i diversos temes.

Però, a no ser que em contractis de manera particular, només hi ha una manera d'estar tot un dia amb mi, veure què em motiva i ajudar-te a millorar els teus resultats i la teva vida amb eines pensades per a assessors com tu i com jo.

En els últims anys, me n'he adonat que hi ha una manera diferent de fer les coses, que em porti a:

- una feina més gratificant

- uns clients més contents

- uns resultats millors, i

- una autèntica conciliació de la teva vida personal i professional

Al Seminari de Proactivitat passaré un dia amb tu per a explicar-te què pots fer per aconseguir els mateixos resultats, mostrant-te dreceres per a ajudar-te.

Pots mirar el calendari a www.oriolopez.com

Deixa'm que et doni un regal...

El que m'apassiona és ajudar als assessors a dirigir despatxos més profitosos i agradables de portar. I, com a part d'aquest compromís, m'agradaria convidar-te gratuïtament al seminari (normalment val 200€). Envia'm un email a oriol@oriolopez.com i explica'm els teus reptes. T'enviaré una invitació pel proper Seminari de Proactivitat que celebri.

10

Què inspiro

"Escoltar i treballar amb l'Oriol sobre com han d'orientar els assessors els seus despatxos i estratègies t'obre la ment cap a idees, en què, increïblement -per la seva simplicitat i evidència- mai havies reparat. És d'aquelles persones per les quals val la pena aturar-te a escoltar el que ha de dir-te."

Daniel Giménez Martínez - *Antonio Alfonsea*

"L'Oriol López és un professional altament proactiu, amb una visió que va més enllà del que es veu a simple vista. Per aquest motiu no em sorprèn en absolut que sigui un expert de referència en estratègia empresarial i proactivitat."

Xavier Ramoneda Bordes - *Ramells Ramoneda Associats*

"L'Oriol ens ha ajudat molt a identificar els principals problemes organitzatius de l'empresa, així com establir les bases i les pautes per millorar la mateixa. Els problemes sempre els hem de resoldre nosaltres, però sovint convé que algú ens ajudi a identificar els orígens dels mateixos i guiar-nos en la seva solució. La màxima bàsica és realitzar petits canvis."

Miquel Arxer i Fàbrega - *Assessoria Arxer*

"L'èxit, però fins i tot, la supervivència de molts despatxos professionals, passa per moltes de les coses que l'Oriol diu en els seus seminaris. Haurien de ser d'assistència obligatòria!"

Llorenç Maristany - *Maristany, Osés & Associats*

"He fet una sessió de "dia estratègic" amb Oriol López en la qual ell m'ha aportat noves idees per a la gestió del despatx i per establir una política de màrqueting. Estic molt content d'haver realitzat la jornada atès que m'ha resultat certament inspiradora, em queda ara l'anar implantant de forma pausada però constant les diferents mesures que estic convençut que em beneficiaran."

Miquel Angel Riera Valles - *Januar Consulting*

"L'Oriol m'ha aportat noves idees per al meu despatx i innovació a l'hora de treballar, per traslladar-lo de cara als meus clients i a la meva pròpia gestió del despatx. És resolutiu, constant i disposat sempre a donar un cop de mà."

Edgar Martín Masó - *Tamariu Consulting*

"L'Oriol és un bon professional de l'assessoria fiscal i econòmica de les empreses, les ajuda a crear negoci. Un gran comunicador i excel·lent company, amb moltes inquietuds i visió estratègica de l'empresa"

Rosa Maria Arasa Martí - *Euroforo Arasa De Miquel Advocats*

11

Què m'inspira

A l'acabar el primer esborrany d'aquest llibre vaig adonar-me que em mancava recopilar la bibliografia que havia anat esmentant al llarg del mateix a fi i efecte d'animar-te a aprofundir en el coneixement que hagis extret. És per això que el que veuràs aquí no és només un llistat de llibres o webs que hagin aparegut al llibre, sinó també d'altres que crec que poden ser interessants quan crees un negoci:

El llibre *Good to Great* de Jim Collins és un magnífic estudi fet per a avaluar què fa que algunes empreses tinguin molt d'èxit mentre d'altres, de similars, fracassin.

Simon Sineck, autor del llibre *Start with Why*, té una web (http://www.startwithwhy.com) des de la que inspira empresaris de tot el món a guiar-se pel seu *perquè*. Té un discurs al TED que et permetrà copsar l'esperit del cercle daurat del que hem parlat: http://www.ted.com/talks/simon_sinek_how_great_leaders_inspire_action.html

Andrew S. Grove i el seu *Only the Paranoid Survive* et mostraran empreses que han sabut adaptar-se a canvis imprevistos, mentre que el filòsof Nassim N. Taleb, amb el seu llibre

Antifragile t'ajudarà a entendre que cal aprofitar-se dels imprevistos per a millorar.

L'Alexander Osterwalder i l'Yves Pigneur van escriure el llibre *Business Model Generation* i a la seva web hi trobaràs molts recursos: http://www.businessmodelgeneration.com

Steve Blank (http://steveblank.com) és l'autor del moviment *Lean Startup*, que pots trobar explicat aquí: http://www.theleanstartup.com

Ludwig von Mises, impulsor de l'Escola Austríaca d'Economia i autor d'un dels tractats d'Economia més complets i influents dels nostres temps, l'Acció Humana.

L'Alan Weiss i el seu esperit enfocat a l'acció de millora constant.

En Michael E. Gerber és l'autor del llibre *E-Myth*, un llibre que explica als empresaris per què s'han de centrar a treballar EN el negoci, i no AL negoci. El seu DVD *Small Business Success* ha estat una eina molt valuosa al nostre despatx i als nostres clients, pel que t'animo a mirar-lo, si en tens l'ocasió.

Un agraïment especial

A en Mark Wickersham, el meu mentor en l'ajut a d'altres despatxos professionals i, juntament amb l'Steve Pipe, creador de la xarxa de despatxos professionals més reeixida del Regne Unit, AVN Accountants.

Inici...

www.ingramcontent.com/pod-product-compliance
Lightning Source LLC
Chambersburg PA
CBHW021443170526
45164CB00001B/364